JULES CÉSAR

L'EMPIRE

JUGÉ PAR L'EMPEREUR

JULES CÉSAR

L'EMPIRE

JUGÉ PAR L'EMPEREUR

PAR

ALPHONSE DECHAMPS

Rara temporum felicitas ubi quæ sentias dicere licet.

(Tacite.)

BRUXELLES

LIBRAIRIE POLYTECHNIQUE D'AUG. DECQ

RUE DE LA MADELEINE, 9

1865

JULES CÉSAR

I

AVANT-PROPOS

✳

« L'histoire est comme une galerie où sont réunis les portraits des ancêtres ; chaque génération y met au grand jour l'aïeul qui lui ressemble et laisse dans l'ombre l'image où elle ne se reconnaît plus. Dites-moi les noms que vous honorez dans le passé, je vous dirai les vices ou les vertus que vous avez dans le cœur [1]. »

Cette pensée si juste de M. E. Laboulaye m'est revenue à l'esprit en lisant l'*Histoire de Jules César*, et c'est bien en effet le portrait d'un ancêtre que l'impérial écrivain veut remettre au grand jour. Il me paraît naturel que Napoléon III propose à la génération

---

[1] LABOULAYE : *L'État et ses limites.*

française de notre temps l'exemple et l'admiration du fondateur de l'empire romain, et rien ne doit moins étonner, je pense, que de voir l'héritier et le neveu du premier César français tenter l'apologie du premier César romain. Le souverain de la France ne s'est pas mépris, et il a logiquement obéi à la loi des affinités historiques. Oui, César et Auguste, le dernier surtout, sont bien ses aïeux, et en défendant leur œuvre politique, il a compris que c'était la sienne même qu'il défendait. Napoléon III, du reste, ne prend pas la peine de déguiser beaucoup ce but apologétique, qui fait ressembler singulièrement son livre, par moments, à un habile plaidoyer *pro domo sua*.

Quand l'écrivain cherche à établir la légitimité et le bienfait de l'institution impériale, c'est-à-dire du pouvoir d'un seul à Rome, comme l'unique remède aux maux de la liberté, quand on l'entend accuser d'aveuglement et d'obstination coupable l'opposition des *anciens partis* du sénat et de la république, qui ne découvre facilement, derrière le voile transparent des analogies et des rapprochements, le panégyrique du bienfait de l'institution impériale en France, et tout le mécontentement contre l'opposition rencontrée?

Aussi l'attrait piquant d'une confidence politique, attendue sur la promesse du titre même, reste-t-il pour tous la première curiosité du livre. Non qu'il entre dans ma pensée de contester ici à l'œuvre historique de l'Empereur toute valeur littéraire ou tout mérite d'érudition; ce serait donner une preuve d'un triste parti pris de dénigrement et d'injustice. Le livre me paraît bien fait, et il résume, dans un cadre heureux, l'histoire des institutions et du génie romains ; il atteste une méditation sérieuse, et présente des chapitres d'un réel intérêt ; le style, sans éclat ni vive éloquence, a d'incontestables qualités de fermeté, de sobriété et de clarté. Je veux dire seulement que chacun cherche avant tout, dans la lecture de ces pages sur César, à pénétrer la volonté du prince qui les a écrites et la pensée politique du règne. C'est le présent qui attire dans cette étude du passé ; cela est si vrai que chaque fait rappelé semble au lécteur une allusion, chaque argument une défense. L'intérêt, qui pourrait s'attacher à la discussion des qualités littéraires de l'œuvre ou des purs problèmes d'érudition historique, s'efface naturellement devant l'intérêt des graves questions politiques soulevées. L'auteur de l'*Histoire de Jules César* se montre assez sobre de considérations politiques ; elles se rencontrent très-disséminées sous sa plume. Il est facile toutefois, en les réunissant, de dégager de leur ensemble l'inspiration et la conclusion de l'histoire impériale. C'est cette conclusion que nous voulons mettre en pleine lumière dans ces quelques pages critiques. Elle peut se résumer dans un seul mot : l'éloge de l'institution impériale. Napoléon III y voit, en France, au XIXe siècle, comme à Rome, au temps de César, le remède, le salut, et le progrès.

Reconnaissons du reste que, dans cet essai de justification du césarisme antique et moderne; le souverain français obéit à une conviction dénoncée déjà par tous ses actes; mais encore faut-il lui savoir gré, croyons-nous, de la proclamer aujourd'hui avec autant d'éclat et de franchise. La politique ne peut que gagner aux définitions claires et aux aveux loyaux. Notre pensée n'a jamais varié sur le nouvel établissement impérial; mais aujourd'hui, grâce à l'auteur qui nous livre lui-même le précieux commentaire de son œuvre, nous voilà plus complétement édifié encore sur son caractère véritable.

Signalons, en passant, ce qu'a d'étrange et d'unique la position de l'écrivain impérial vis-à-vis de la critique en France. Napoléon III est trop homme de goût et de tact pour ne pas sentir le premier tout l'inconvénient, j'allais presque dire, le ridicule, d'étouffer la liberté de la critique à son égard. Est-il bien facile cependant à celle-ci de se mouvoir sans péril avec indépendance? Comment juger les jugements de l'Empereur sur les institutions et les révolutions politiques de Rome, les limites du pouvoir et les droits de la liberté, sans paraître, involontairement même, mettre en discussion les fondements de la constitution de l'Empire, et sans s'exposer aux redoutables coups des lois qui gênent, je veux dire qui tempèrent en France, c'est le mot officiel, la liberté de la pensée et de la parole? Ne doit-on pas craindre que le régime impérial n'ait pour effet de rendre contrainte ou suspecte la critique du livre de l'Empereur? Napoléon III jugera convenable, je n'en fais nul doute, de ne point s'armer pour défendre son œuvre littéraire, des rigueurs de son œuvre politique, et on ne le verra pas donner le singulier spectacle de César, couvrant du bénéfice de l'inviolabilité de sa dictature politique son travail d'écrivain, pour refuser la contradiction, décliner l'examen et sembler ainsi imposer à tous ses systèmes historiques.

Si je ne craignais de paraître assez sottement comparer de très-grandes choses à de très-minimes, je pourrais dire, en commençant ce petit travail, ce que disait M. de Tocqueville, dans la préface de son beau livre, *L'Ancien Régime et la Révolution* : J'espère avoir écrit sans préjugé, mais je ne prétends pas avoir écrit sans passion. M. de Tocqueville pouvait ajouter que la passion n'est que la chaleur naturelle d'une conviction sincère.

※

L'Histoire de Jules César peut se résumer dans une double tentative d'apologie : apologie de l'homme, apologie de l'œuvre. Nous ne pouvons souscrire à la première sans beaucoup de réserves ; nous repoussons absolument l'autre.

Nous reprochons à l'auteur, non de surfaire le génie de César, mais de surfaire sa vertu. Nous contestons que l'institution politique fondée par lui, c'est-à-dire l'Empire, puisse être considérée comme une élévation du niveau de la civilisation. Nous comprenons la thèse de la nécessité de l'Empire, non pour y montrer un progrès, mais la triste expression de l'abaissement de la vie publique et des mœurs. Le pouvoir absolu accuse l'imperfection, le désordre ou la décadence des nations, jamais leur pleine santé politique, l'idéal et le progrès. Oui, la civilisation romaine aboutit à l'Empire, mais pour s'y perdre.

Nous dirons d'abord quelques mots de l'apologie de l'homme dans César ; nous jugerons ensuite l'apologie, essayée par l'auteur, du bienfait de l'œuvre politique de son héros.

II

L'APOLOGIE DE L'HOMME

※

Je ne viens point nier le génie extraordinaire de César ni la gloire de son nom. Mais, comme l'a dit éloquemment M. de Lamartine, « soyons sans pitié pour la gloire, cette grande corruptrice du jugement humain, quand elle n'est pas le reflet de la vraie vertu. »

Si Napoléon III se bornait à réclamer la justice pour le génie, il ne rencontrerait qu'une unanime adhésion. Mais il l'exalte au point de le diviniser ; il en fait l'organe révélateur de la Providence, il exige pour lui l'adoration et la soumission absolue de l'humanité. Le génie est sacro-saint, indiscutable, infaillible. Je n'exagère rien. Cette pensée de la divinisation des grands hommes ressort clairement de ces lignes de la préface : *« ce qui précède montre assez le but que « je me propose en écrivant cette histoire. Ce but est « de prouver que, lorsque la Providence suscite des « hommes tels que César, Charlemagne, Napoléon (je « pense bien que l'auteur n'a pas entendu donner une « énumération complète), c'est pour* tracer *aux peuples* la voie *qu'ils* doivent suivre*... Heureux les peuples « qui les comprennent et* les suivent! *Malheur à ceux « qui les méconnaissent et les combattent! Ils font « comme les Juifs, ils crucifient* leur messie ; *ils sont « aveugles et coupables. «*

Cette doctrine, c'est la passivité des nations en tutelle sous la main de quelques élus heureux de la Providence. Laissez faire, laissez passer le bienfait du pouvoir paternel et absolu! Le citoyen est mauvais juge de ses intérêts, et il convient d'en confier la garde à l'autorité du prince éclairé et sage. Substituons à l'initiative, à l'activité libre, au droit et à la responsabilité de la société, c'est-à-dire de tous, l'action omnipotente et protectrice du pouvoir devenu seul responsable! Ce système est celui de la démocratie incarnée, mieux vaudrait dire de la démocratie abdiquant dans un chef accepté par elle, et la liberté du suffrage n'est plus, dans ces conditions, pour la nation asservie, que la liberté dérisoire d'acclamer son maître.

Napoléon III sanctifie cette franche doctrine du

pouvoir absolu en l'érigeant en loi providentielle de l'histoire. Il reste aux peuples le droit de suivre leurs guides, selon le mot de l'auteur, sans doute un peu comme le troupeau suit le berger, de les admirer, je suppose, et de les bénir. Je ne sais si cet humble droit de suite donnera pleine satisfaction à la légitime ambition des sociétés modernes! L'écrivain ne voit pas qu'élever si haut la mission des chefs d'empire, c'est abaisser la dignité et la liberté des peuples, pour les ravaler presque à la condition sans honneur de l'argile façonnée par la main du potier.

On nous demande de reconnaître " la prééminence " des grands hommes, " êtres privilégiés, phares lumineux, dissipant les ténèbres de leur époque et éclairant l'avenir. "

La phrase peut être trouvée jolie, mais elle cache mal l'absorption dégradante du droit de tous. Nous repoussons de toutes nos forces une telle " prééminence, " parce qu'elle n'est que l'ingénieux prétexte de la servitude universelle, au profit de l'absolu pouvoir et de la gloire du premier prétendant au génie venu.

Que le génie véritable accomplisse sa grande et noble mission, qu'il puisse exercer librement sa puissante et naturelle influence, rien de mieux et j'applaudis. Mais son droit ne va pas jusqu'à asservir le droit d'autrui, confisquer la liberté générale et tenir la société captive sous sa tutelle. Il devient alors fatal à la société et à lui-même.

Je ne nierai point que le pouvoir absolu, aux mains d'un homme supérieur, ne puisse accidentellement produire de grandes choses; mais ce que j'affirme, c'est qu'il est de sa nature corrupteur; les vices cachés du régime font explosion tôt ou tard. Il faut le juger par son fruit, qui est d'accroître le pouvoir au détriment de la force intime de la vie sociale elle-même. C'est sans doute le pouvoir plus énergique, mais c'est aussi la société comprimée, amoindrie, diminuée dans l'énergie de sa véritable activité vitale. J'ai ajouté que l'exercice d'une autorité sans entrave rendait le génie fatal à lui-même. On ne l'a peut-être pas assez remarqué, le génie, utile au progrès quand il se borne à sa part de liberté générale, semble souvent frappé d'extravagance ou de décadence par l'absolu pouvoir. César au faîte de la dictature n'apparaît-il pas tout à coup embarrassé du fardeau gouvernemental? Ne dirait-on pas son génie paralysé par la mission impossible, assumée par lui, de penser et d'agir pour tous? La toute-puissance enivre Napoléon Ier, et l'expose à cette intempérance d'entreprises militaires et politiques qui cause sa chute. L'impuissance reste le dernier mot de ces dictatures obstinées qui, en survivant à leur nécessité passagère ou plutôt apparente, deviennent un redoutable obstacle au progrès.

Mais l'absolutisme a une conséquence plus désastreuse que celle de corrompre les bons au pouvoir, c'est d'y rendre possible les pires. Il déshabitue la nation du soin de ses propres affaires, enfante son irrémédiable incapacité, l'assouplit au joug, renverse les appuis de la liberté, détruit tous les étais de la résistance contre l'arbitraire; il rend presque inutile le génie de César, funeste celui de Napoléon, et ouvre pleine carrière à la tyrannie d'un Tibère ou à la folie d'un Caligula! En France, Richelieu fonde l'institution du pouvoir absolu; Louis XIV l'exploite et l'use; Louis XV en étale toute la faiblesse et la profonde misère. C'est là partout sa génèse et son histoire : grandeur apparente, décadence précoce. Pourquoi? Parce que le sort de la nation se trouve attaché alors, non à des institutions, mais à un homme, non à la libre et féconde action de la société sur elle-même, mais au capricieux hasard du caractère du prince. Sous un tel régime, le peuple espère ou redoute sans cesse la fin du règne : son espérance atteste son malheur présent, son inquiétude la continuelle incertitude du lendemain.

✼

Cette confiance dans la mission providentielle des chefs d'empire, des guides des peuples, cette foi absolutiste à leur prééminence, ont leur source dans l'erreur, qui prend la société pour une création du pouvoir. L'école absolutiste voit la principale force motrice dans le pouvoir, au lieu de la voir dans la société même.

Elle ignore les lois naturelles, économiques, politiques, morales, qui président au développement des sociétés humaines. Le pouvoir ne donne pas naissance à ces lois, qui lui préexistent; sa première mission est d'en garantir le libre jeu, qui n'est autre chose, en somme, que le règne du droit lui-même. Mais au lieu de reconnaître ces lois, les gouvernements et surtout les gouvernements forts se sont le plus souvent ingénieusement appliqués à les empêcher, au grand détriment du développement harmonique des véritables intérêts sociaux.

Nous ne pouvons donc pas avoir dans la puissance civilisatrice des chefs d'empire la confiance exagérée de l'auteur de l'*Histoire de Jules César*. Nous ne croyons pas à l'infaillibilité des grands hommes, et nous nous refusons à soumettre la société à leur bienfaisante et absolue autorité. Leur influence sur leur époque est, à tout prendre, plus grande peut-être que certaine école moderne ne le prétend, mais moins considérable toutefois que le vulgaire ne se l'imagine encore. Ils ne créent pas la société, ils la trouvent faite. Ils peuvent modifier les accidents de sa surface, plutôt qu'altérer véritablement la direction des courants profonds qui la poussent. Ces courants arrivent de plus loin qu'eux, et l'illusion vient de ce que, en les suivant ou en les réglant même à certain point, ils peuvent paraître leur commander. Les grands hommes ne sont point indépendants de leur temps; leur action n'est pas souveraine, elle se trouve limitée par la marche même de la civilisation, qui n'est point leur fait. Aussi l'on peut dire avec une exacte vérité qu'ils sont eux-mêmes autant effets que causes. Ils ont leur place, en un mot, dans le plan général de l'histoire, dont tout leur génie et leur volonté personnelle ne réussiront jamais à bouleverser l'ensemble.

Je trouve cette pensée très-heureusement exprimée par M. Laboulaye, que j'aime à citer parce qu'il est l'un des écrivains politiques les plus sensés et les plus sagaces de notre temps. J'oppose ses paroles à la théorie plus pompeuse que vraie de la préface du livre impérial :

« Si on n'attend plus de la justice divine, dit M. Laboulaye, ces coups de théâtre qui dénouent le drame de façon terrible et soudaine, encore moins s'imagine-t-on qu'*un grand homme paraisse subitement au milieu d'une société inerte, pour la pétrir à son gré et l'animer de son souffle, ainsi qu'un autre Prométhée*. Le génie a sa place dans l'histoire, et plus large qu'on ne la lui mesure de nos jours, mais le héros n'arrive qu'à son heure ; il faut que la scène lui soit préparée. A vrai dire, ce n'est qu'un acteur favori qui joue le premier rôle dans une pièce qu'il n'a pas faite. Pour que César soit possible, il faut que la plèbe romaine, avilie et corrompue, en soit tombée à demander un maître. A quoi bon la vertu de Washington, si ce grand homme de bien n'eût été compris et soutenu par un peuple amoureux de la liberté [1] ? »

---

[1] LABOULAYE : *L'État et ses limites.*

❊

J'ai cru devoir indiquer d'abord, pour la contredire, la théorie générale sur le rôle des grands hommes, qui sert de cadre à l'*Histoire de Jules César*. Il est curieux de suivre l'application, qui en est faite par l'auteur à son héros.

Voici comment Napoléon III fait entrer en scène Jules César, au dernier chapitre du livre premier :

« Pour fonder un ordre de choses durable, dit-il, il fallait un homme, qui, *s'élevant au-dessus des passions vulgaires*, réunît en lui *les qualités essentielles* et *les idées justes* de *chacun* de ses devanciers, et évitât *leurs défauts* comme *leurs erreurs*. A la *grandeur d'âme* et à *l'amour du peuple* de certains tribuns, il fallait joindre le *génie militaire* des grands généraux et le *sentiment profond* du dictateur pour l'ordre et la hiérarchie.

« L'homme *capable d'une si haute mission* existait déjà ; mais peut-être, malgré son nom, serait-il resté long-temps encore inconnu, si l'œil pénétrant de Sylla ne l'eût découvert au milieu de la foule, et, par la persécution, désigné à l'attention publique. Cet homme était César. »

On le voit, César possède tous les mérites, toutes les vertus, toutes les idées justes ; il évite tous les défauts et toutes les erreurs. L'homme disparaît sous le dieu. C'est une apologie sans réserve ; l'auteur y était condamné par sa théorie même. César n'est-il pas l'élu de la Providence pour sauver Rome, rétablir l'ordre, assurer le règne de l'institution nouvelle et progressive qui sera l'Empire? Un ministre choisi par Dieu pour accomplir cette grande mission peut-il réunir moins de qualités, et ne doit-il pas s'élever au-dessus de toutes « les passions vulgaires? » Dans son système, l'historien doit empêcher que le héros descende jamais d'un si haut piédestal; il doit l'y maintenir à tout prix, sous peine de voir démenti son rôle de messie providentiel. L'accusation de l'histoire deviendra calomnie.

« *Il faut*, dit l'auteur, que l'attrait piquant des détails sur la vie des hommes publics ne détourne pas l'attention de leur rôle politique, *et ne fasse oublier leur mission providentielle.* »

Cette phrase n'exprimerait qu'une vérité des plus banales sur le devoir d'impartialité de l'historien, si elle n'indiquait assez clairement, dans la pensée de l'auteur, le vœu de voir l'humanité maintenir le culte du dieu, sans trop approfondir l'homme, et se souvenir toujours, pour son obéissance, de la mission providentielle du prince, même quand celui-ci pourrait paraître, à des yeux profanes, l'oublier un peu.

✳

Le premier reproche que j'adresse donc à l'auteur, c'est d'avoir été amené, par sa théorie de la divinisation des grands hommes, à exagérer l'éloge et à surfaire étrangement la vertu de son héros. L'histoire sans doute doit reconnaître dans César un immense génie politique et militaire ; elle n'ajamais vu en lui l'apôtre intègre de la justice et de la civilisation. Son nouvel historien voudrait réformer ce jugement de tant de siècles, et il proteste contre « les mesquines interprétations » qui ont cours depuis Suétone. « Suétone, dit-il, est toujours prêt à enregistrer indistinctement le vrai et le faux. » Nous verrons l'écrivain faire facilement le triage, accepter toujours l'éloge, décliner toujours le blâme. La critique ne peut cependant récuser ainsi tout Suétone, froid annaliste, qu'un écrivain de beaucoup de science, M. de Champagny, l'auteur du livre *les Césars*, a justement qualifié « l'un des historiens les plus exacts de l'antiquité. »

Mais, chez l'auteur de l'*Histoire de Jules César*, cette irritation contre les illustres historiens de l'empire romain semble presque être une tradition de famille. Tacite déplaisait autant à Napoléon Ier, que Suétone peut déplaire aujourd'hui au neveu. On sait l'anecdote : Napoléon, irrité du jugement sévère et indépendant de Tacite, trouva des académiciens complaisants qui intentèrent officieusement un procès en règle au grand écrivain de l'antiquité, devenu rétroactivement suspect à l'absolue puissance du fondateur de l'empire français. La postérité n'a pas donné raison à la colère de Napoléon, et elle a continué, avec Bossuet, de surnommer Tacite, *le plus grave des historiens*. La conscience de Tacite est restée la conscience de l'histoire.

Il faut se garder d'outrer l'idéalisation ; le fanatisme

de la gloire ne doit pas aller jusqu'à l'illusion sur les vices ou les faiblesses du héros. On nous vante les vertus divines de César, sa clémence, son humanité, sa douceur. Je me plais à rendre justice à ses qualités natives, mais il ne faut pas oublier qu'elles se sont imprégnées de l'atmosphère viciée de son époque, et qu'elles n'en sont pas sorties pures. César n'est pas un stoïque. Sa douceur s'est souvent démentie. Sa clémence pouvait sembler merveilleuse à un temps qui proclamait un droit la vengeance de la guerre. Mais elle ne fut pas toujours dépourvue de calcul, et Cicéron l'appellait déjà *insidiosa clementia.* L'humanité de César contrastait sans doute avec l'horreur des proscriptions sanguinaires d'un Marius ou d'un Sylla; mais elle nous semblerait souvent cruauté; il ne faut point la séparer de la barbarie des mœurs, qui dominait la société païenne, et, pour en avoir l'exacte mesure, il est bon de se rappeller certains massacres des guerres des Gaules et d'Espagne.

César a participé de la corruption générale qui l'enveloppait. Il n'eut, ni plus de religion, ni plus de moralité, ni plus de vertu que son siècle, et, comme M. de Champagny a pu le dire, il s'est fait malhonnête avec lui. Le tort de son nouvel historien est de chercher à infirmer ou tout au moins à atténuer, sur ce point, le témoignage éclatant et positif de l'histoire. Que César ait été l'objet d'accusations mensongères ou exagérées, je ne le nierai pas. Mais Napoléon III, par réaction extrême et excès de zèle pour la défense de

César, ne s'abandonne-t-il pas à son tour à une interprétation trop optimiste des actes de toute sa vie ?

✳

L'historien impérialiste insiste " sur la recherche attentive des mobiles élevés de la conduite des grands hommes ". Il a raison ; mais ne dépasse-t-il pas la juste mesure en voulant rapporter à ces seuls " mobiles élevés " la conduite tout entière de César ?

" Trop d'historiens, dit l'Empereur, trouvent plus facile d'abaisser les hommes de génie que de s'élever, par une généreuse inspiration, à leur hauteur, en pénétrant leurs vastes desseins. Ainsi, pour César, on nous le représente, dès son jeune âge, méditant déjà le pouvoir suprême. S'il résiste à Sylla, s'il est en désaccord avec Cicéron, s'il se lie avec Pompée, c'est par l'effet de cette astuce prévoyante qui a tout deviné pour tout asservir ; s'il s'élance dans les Gaules, c'est pour acquérir des richesses par le pillage ou des soldats dévoués à ses projets ; s'il traverse la mer pour porter les aigles romaines dans un pays inconnu, mais dont la conquête affermira celle des Gaules, c'est pour y chercher des perles qu'on croyait exister dans les mers de la Grande-Bretagne. Si, après avoir vaincu les redoutables ennemis de l'Italie au delà des Alpes, il médite une expédition contre les Parthes pour venger la défaite de Crassus, c'est, disent certains historiens, que l'activité convenait à sa nature et qu'en campagne sa santé était meilleure; s'il accepte du Sénat avec reconnaissance une couronne de lauriers et qu'il la porte avec fierté, c'est pour cacher sa tête chauve; si, enfin, il a été assassiné par ceux qu'il avait comblés de ses bienfaits, c'est parce qu'il voulait se faire roi; comme s'il n'était pas pour ses contemporains ainsi que pour la postérité plus grand que tous les rois! "

Les accusations méritées et les accusations exagérées se mêlent habilement dans cette énumération, dans l'espoir peut-être de voir le lecteur les repousser indistinctement et en masse.

Sans doute, César n'a pas traversé les mers pour l'ambition mince d'y trouver des perles; j'admets volontiers que le bien de sa santé n'ait pas été le motif déterminant de son projet de guerre contre les Parthes, qu'en partant pour les Gaules il n'ait pas eu en vue seulement d'acquérir des richesses; je ne veux pas croire que sa satisfaction d'avoir reçu du Sénat une couronne de lauriers eût pour raison unique le désir de cacher sa tête chauve. Qui vous dit toutefois que ce petit plaisir de vanité n'ait pu s'ajouter chez César à la joie de l'orgueil caressé? Son soin recherché de l'élégance, sa beauté, dont il était fier, ne rendent-ils pas possible cette vanité de parure? Le bien de sa santé n'a-t-il pu à son tour entrer pour quelque chose dans ses plans, et est-il absolument invraisemblable qu'il vînt servir d'appoint à d'autres motifs plus sérieux d'expédition militaire?

Sans doute encore, César, dans la conquête des

Gaules fut poussé par un désir d'ambition plus haute que celle d'amasser des richesses, mais un fait constant, c'est qu'il ne perdit pas cet objet de vue, et le pillage des Gaules lui servit à acheter Rome.

Je critique tout ce passage, moins pour ce qu'il dit que pour ce qu'il tait. Les griefs sont réels pour la plupart, mais l'auteur leur attribue une importance, qu'ils n'ont jamais eue aux yeux de la critique; personne n'a jamais prétendu sérieusement que ces mobiles eussent seuls dirigé la conduite de César.

Mais à qui ferez-vous croire, dirai-je à mon tour, que César n'a jamais eu pour guide, que l'intérêt public, et que son patriotisme se trouvait désintéressé de tout égoïsme et de toute pensée de domination personnelle?

Vous combattez l'excès de l'accusation, et vous faites bien; mais vous ne prenez pas garde que vous n'évitez pas vous-même l'excès de l'apologie. Vous nous montrez César « n'obéissant qu'à ses convictions politiques; « s'il quitte Rome pour l'Asie, ce n'est pas soin de sa sûreté, c'est qu'il est révolté des violences de Sylla et « qu'il ne veut pas en rester froid spectateur; « si, n'ayant aucun pouvoir encore, il se rapproche de Pompée au faîte de la puissance et des honneurs, ce n'est nullement sa jeune abmition qui le guide, c'est qu'à ses yeux « Pompée pouvait seul assurer les destinées de la république; « il apporte à Pompée « un concours loyal, « et il ne ressent que « la noble rivalité « de l'amour de la patrie. Pompée se présente comme simple soldat à la revue annuelle des chevaliers : c'est « l'ostentation d'une fausse modestie, « le désir « de plaire à la multitude; « César fait, contrairement à l'usage, l'éloge funèbre de sa tante Julie et de sa femme Cornélie; il prend prétexte de cette cérémonie pour prononcer le panégyrique de Marius et promener son image en cire, faisant ainsi, comme on l'a dit, d'un deuil une candidature : « il obtient l'approbation publique, « et donne « une preuve de sensibilité et de douceur de mœurs. « Quand César attaque les abus, c'est courage; quand Caton les combat à son tour, met Clodius en accusation, ouvre une enquête contre les juges, c'est imprudence et « zèle irréfléchi. « L'énormité des dettes de César n'entra jamais pour rien dans le calcul de sa vie, et ne fit jamais fléchir sa vertu. C'est méconnaître « la haute idée que.César avait de lui-même, « « la grande considération dont il jouissait, « et « son aversion pour la guerre civile, « que de le supposer favorable à la conjuration de Catilina.

Quand il fonde le premier triumvirat, « certes Crassus et Pompée, dit l'historien, n'étaient pas insensibles à une combinaison favorisant leur amour pour le pouvoir et les richesses, mais on doit prêter à César un. mobile plus élevé et lui supposer l'inspiration du vrai patriotisme. « Dans ses avances habiles à Cicéron et au sénat, César n'était guidé, prétend-on, que par la vue « des périls d'une société profondément troublée; il supposait aux autres les sentiments qui l'animaient lui-même. L'amour du bien public, la conscience de s'y dévouer tout entier lui donnaient dans le patriotisme d'autrui cette confiance sans réserve, qui n'admet ni les rivalités mesquines, ni les calculs de l'égoïsme. « L'écrivain résume l'histoire du consulat de César en affirmant « qu'un mobile *unique* l'animait, l'intérêt public. » César n'ambitionne pas le souverain pouvoir; « il n'entrevoit pas, dit-il, à travers les faisceaux du consul et la poussière des batailles, la dictature; » « s'il recherche le consulat, » c'est simplement « comme tous les membres de la noblesse romaine; « devenu proconsul des Gaules, « il n'aspire pas à la souveraine puissance; » et ce fut, affirme l'historien, « la haine de ses ennemis, qui le força à se saisir de la dictature. »

Voilà exposé, à son tour, le système d'interprétation historique de l'auteur. On peut demander, ce me semble, si ce système est bien impartial, si l'objection soulevée par Napoléon III ne se retourne pas contre lui, et s'il est lui-même fidèle à la devise de sa préface de rester toujours *logique* et *juste ?*

✳

Pour comprendre César, il faut comprendre son ambition. Son historien ne nie pas cette ambition; il affirme seulement qu'elle fut légitime. Les nombreuses citations que je viens de faire montrent à l'évidence qu'à ses yeux cette ambition n'eut qu'un mobile, l'intérêt public, le bien de la patrie, et il la juge pure de tout alliage d'intérêt égoïste! C'est là, selon nous, pousser l'idéalisation jusqu'à l'erreur historique.

" Sylla, dit l'auteur, laissa Rome avertie qu'elle est désormais sans défense contre l'audace d'un soldat heureux. " " La seule chose certaine, écrit M. de Champagny, c'est que l'exemple de Sylla ne sera pas perdu. Tôt ou tard un homme sera maître de l'Empire, la concentration du pouvoir deviendra complète : L'oligarchie se fera monarchie. Le peuple se donne à Pompée; il se donnera bien autrement à César. " Prenez garde, disaient les fameux aruspices interprétés par Cicéron, prenez garde que les discordes des grands ne finissent par donner l'Empire à un seul. " Ce maître, que l'on prévoit sans le connnaître, les uns le combattent d'avance, les autres travaillent à le servir; les plus hardis veulent l'être [1]. "

César voulut l'être.

Il serait injuste de soutenir que César n'eut point de patriotisme; mais ce patriotisme était dominé par l'ambition personnelle. Si vous voulez un exemple de patriotisme vertueux et désintéressé, ce n'est pas à César, le fondateur du pouvoir absolu à Rome, qu'il faut le demander, mais à Washington, le fondateur intègre de la liberté américaine.

César voulait, j'y consens, la grandeur de sa patrie, mais ce fut un peu à condition de grandir lui-même avec elle. Le despote, qui gardé quelque con-

---

[1] CHAMPAGNY : *Les Césars.*

science, a besoin de se croire nécessaire au bonheur de son peuple, au salut de la société, et il finit malheureusement quelquefois par se rendre presque nécessaire, en faisant autour de lui le vide des institutions et des hommes. César eut peut-être cette illusion de l'ambition, et se fit à lui-même cette excuse facile de son despotisme. C'est avouer un mépris de ses contemporains égal à l'orgueil de soi-même.

César avait cet orgueil. « Mon aïeule, proclamait-il, était descendante d'Aucus Martius, *la tige des rois de Rome;* la gens Julia, à laquelle appartient ma famille, *descend de Vénus elle-même;* il y a donc *dans notre famille et la sainteté des rois,* si puissants parmi les hommes, *et la majesté des dieux,* qui sont maîtres des rois. »

L'orgueil de la domination souveraine et presque divine n'éclate-t-il pas audacieusement, du premier au dernier mot, dans cette fière revendication de famille? et est-il difficile de s'imaginer que de tels sentiments n'aient pas laissé César étranger à l'ambition de s'emparer du pouvoir? N'est-ce pas lui qui pleurait aux pieds de la statue d'Alexandre, en pensant qu'il n'avait encore rien fait à un âge où cet illustre capitaine avait déjà conquis la terre? Ne l'entend-on pas s'écrier, en traversant un village des Alpes, qu'il aimerait mieux être le premier parmi ces barbares que le second à Rome?

César pressentit et médita le souverain pouvoir.

Toute l'habileté de l'écrivain n'ébranlera pas cette

incontestable vérité historique. L'auteur se récrie :
« On suppose à César, dit-il, la prescience absolue de
l'avenir, la faculté de diriger les hommes et les choses
au gré de sa volonté et de rendre chacun, à son insu,
complice de ses profonds desseins. » Non, César n'eut
point » cette prévoyance surhumaine; » il ne pouvait
l'avoir. Est-ce à dire qu'il n'eut pas son but, et qu'il ne
s'aida pas de toutes les circonstances pour l'atteindre ?
Il est facile de voir l'évident dessein de domination
politique de César cheminer lentement, habilement,
à travers les mille détours de sa vie, pour arriver enfin
à sa réalisation heureuse. L'auteur ne réussit pas toujours à dissimuler lui-même cette trame visible de sa
conduite ; elle ressort trop manifestement de tous les
faits de l'histoire.

Faut-il rappeler César briguant la faveur populaire,
caressant le parti de Marius, relevant les statues du
demagogue, flattant Catilina, prodiguant au peuple,
qu'il s'attache, fêtes et jeux d'une magnificence
inconnue? Faut-il rappeler ses mariages politiques,
l'intérêt diplomatique de ses intrigues galantes avec
la femme de Crassus, avec celle de Pompée, et de tant
d'autres encore? Qui croira jamais que, dans son
alliance avec Pompée et Crassus, dans ce triumvirat,
César fût le seul innocent de toute passion d'ambition
égoïste? Il est plus naturel de penser que ne pouvant
encore dominer seul le pouvoir, il tendait à le
partager. Je ne dis pas que, dans cette association
avec les plus puissants de Rome, il perdit entière-

ment de vue le bien de la patrie, mais cette pensée patriotique, à coup sûr, ne fut pas la seule qui l'inspira. Il cherchait aussi et surtout. sa propre élévation. Napoléon III affirme que César, " devenu proconsul, n'aspirait pas à la souveraine puissance " et qu'en prenant le gouvernement des Gaules, il ne pressentit pas son futur règne. C'est pousser bien loin, il me semble, le système d'imprévoyance qu'il applique à son héros. L'auteur, dans la préface, reproche aux historiens de nous " représenter César, dès son jeune âge, méditant déjà le pouvoir suprême ; " on peut lui adresser le reproche de nous représenter avec plus d'invraisemblance César ne le méditant jamais. César songeait à se former une armée dévouée, qui fût aux ordres de son ambition et de ses projets. Absent, perd-il, un seul moment, Rome de vue ? N'y eut-il pas toujours la main ? Avant son départ pour les Gaules, ne le voit-on pas s'attacher Pompée par le don habile de sa fille Julia, Crassus par la faveur accordée au fils dans son camp ? N'a-t-il pas le soin prudent d'éloigner Cicéron et Caton ? Ne " gagne-t-il pas à sa cause, l'écrivain le rappelle lui-même, tous les hommes importants, ayant quelque chance d'arriver aux emplois ? " Plus tard, n'achètera-t-il pas la complicité des citoyens influents, des Curions et des Æmilius Paulus, au prix des richesses des Gaules, et la connivence de la plèbe par ses largesses corruptrices ?

⁂

Tout cela indique clairement chez César, non l'unique dévouement à la patrie, comme le prétend l'auteur, mais aussi le dévouement à soi-même, et un but d'ambition ardemment convoité et poursuivi. Tant de moyens déshonnêtes attestent trop bien l'égoïsme du but. Les nobles buts emploient les nobles moyens. Le devoir patriotique ne fait pas oublier les autres devoirs; il les rappelle.

Jules César a constamment pratiqué, pour arriver au pouvoir, la maxime machiavélique : la fin justifie les moyens. Il a fait servir à son dessein de domination jusqu'aux vices de son siècle habilement exploités par lui, la prostitution des femmes, la vénalité des uns, l'ambition des autres, la corruption de tous. Il se faisait appui de toutes les influences légitimes ou illégitimes, morales ou non. Il ne dédaignait aucune force, si indigne qu'elle fût, et il faisait concourir à ses vues le désordre même de sa patrie. Son parti (tous les historiens l'attestent) était comme la lie de Rome : un ramassis de nobles endettés, de gens sans aveu, de bravi, de banqueroutiers, de gladiateurs, d'aventuriers de toute espèce. César sait que « dans son parti il n'y a de bon que lui-même. » C'est à Rome, toute cette plèbe avilie, dont Catilina, Clodius, Antoine plus tard, sont les chefs subalternes que César utilise et qu'il flatte. Vatinius est son honteux satellite.

L'historien impérial ne peut nier cette évidence, avouée de Saluste même. « Pour constituer un parti, écrit-il, César recourut quelquefois, il est vrai, à des agents peu estimables ; le meilleur architecte ne peut bâtir qu'avec les matériaux qu'il a sous la main. »

Très-bien ; mais l'on se demande comment il se faisait que César n'eût rencontré que de tels matériaux sous la main, et l'on est amené à concevoir une assez singulière idée de l'édifice qu'il voulait élever ainsi. N'est-ce pas toujours l'application du principe machiavélique ?

Ce principe, César l'avouait et le proclamait lui-même. Il répétait sans cesse ce vers d'Euripide :

« S'il faut manquer à la justice, il est beau d'y manquer pour le trône. Soyons pieux en tout le reste. »

« Si les sicaires et les bravi, s'écriait-il un jour, m'eussent rendu service, je ferais consuls les bravi et les sicaires. »

C'est là, sans déguisement aucun, l'aveu franc d'une ambition dénuée de toute morale. César, du reste, n'avait jamais affiché la vertu, le parti dont il était le chef ne l'avait jamais affichée davantage, et je tiens pour certain que l'entouré ressemble toujours un peu à l'entourage.

Je m'étonne que Napoléon III fasse de si grands efforts pour disculper César de toute participation à la conjuration de Catilina, et vienne invoquer, pour sa

thèse, « la haute idée que César avait de lui-même, »
« la grande considération dont il jouissait, » et « son
aversion pour la guerre civile. »

« La grande considération, dont il jouissait, » n'em-
pêchait pas César de se trouver mêlé au parti de Catilina, et si sa coopération matérielle n'est peut-être
pas prouvée, sa complicité morale me semble hors de
doute. César ne se donnait-il pas comme l'espérance
de tout ce parti? Catilina avait déjà pris part, il ne
faut pas l'oublier, à de précédentes conjurations contre le sénat, et César l'avait toujours appuyé. On l'avait
vu défendre la candidature de l'agitateur révolution-
naire. A ce propos Napoléon III a le soin peu avisé de
remarquer lui-même que « dans un esprit d'opposition
évident, César soutenait tout ce qui pouvait nuire à
ses ennemis, et *favoriser un changement de système.* » Or,
où tendait Catilina, sinon à un tel changement espéré
de César?

« Si haute que fût l'idée que César avait de lui-
même, » l'idée qu'il avait du pouvoir était plus haute
encore, nous l'avons vu, et la sévérité de ses principes
ne pouvait le faire reculer devant l'emploi des moyens.
Au surplus, l'historien conteste que Catilina ait voulu
mettre Rome à feu et à sang, et il est excessivement
curieux de l'entendre plaisanter agréablement du
spectre rouge de la démagogie, invoqué ou plutôt ima-
giné, insinue-t-il, par Cicéron et Caton, pour justifier
le coup d'État du sénat, et se poser habilement en
sauveurs de l'ordre, de la propriété et de la société.

Une telle page éveille des souvenirs peu lointains encore, et prête à la malice des commentateurs, qui y chercheront un aveu involontaire ou naïf. Napoléon III donne un autre motif encore, qui doit éloigner de César le soupçon de complicité avec le parti de Catilina, c'est « son aversion pour la guerre civile. » Cette raison semblera plus hasardée que toutes les premières raisons alléguées, car chacun se rappellera à l'instant que cette aversion n'a pas empêché César de plonger sa patrie dans la plus épouvantable guerre civile que Rome eût encore vue.

Il y a lieu donc de s'étonner un peu de ce grand empressement de l'auteur à justifier *la moralité* de César d'un dessein de coup d'État et de guerre civile, dont il ne craignit pas d'assumer la responsabilité quelques années plus tard. Les premières tentatives ne réussissent pas toujours; le succès ne couronne pas tout essai de conspiration politique ou dynastique, pour l'élever d'emblée au rang des faits heureux et accomplis. Plus de réflexion eût dû donner ici, je pense, à Napoléon III, plus d'indulgence pour César.

L'Empereur ajoute comme conclusion à tout ce raisonnement que « quelque ambitieux que soit un homme, il ne conspire pas lorsqu'il peut atteindre son but par des moyens légaux. » C'est assez peu rassurant pour le cas où les moyens légaux deviendraient insuffisants. Dans cette phrase perce l'intention persistante de la justification des moyens par la souveraineté du but. L'auteur en a besoin, on le comprend, pour l'apologie qu'il tente. Aussi il prend soin de nous représenter César comme un instrument du dessein providentiel de Dieu pour le salut de Rome. C'était « sa destinée » de ruiner le pouvoir du sénat, la liberté républicaine et la légitimité romaine. Un tel fatalisme a pour effet, chacun le sent, de chasser la morale de l'histoire. Les grands mots étalés de raison d'État, de salut public, de nécessité politique et de destin ne cachent trop souvent que la perfidie de quelque entreprise immorale ; ils peuvent devenir un prétexte commode d'innocenter le crime. Napoléon III dit que César « avait foi dans sa destinée ; » mais, continue-t-il « la foi est un instinct, non un calcul. » J'incline fort à penser, au contraire, que cette foi, chez César, ne fut point, heureusement pour lui, privée de calcul, et de calcul profond, et que son génie actif vint puissamment en aide à sa destinée.

III

L'APOLOGIE DE L'ŒUVRE

❋

J'ai tenté, dans les pages précédentes, de juger la première partie de la thèse impériale, l'apologie de l'homme dans César ; il me reste à juger l'apologie de l'œuvre. J'ai cherché à dévoiler tout l'excès de la première. Je puis résumer ma critique en disant que c'est une partiale erreur, me paraît-il, de nous peindre, comme le fait l'auteur, la vertu de César égale à son génie; de nous montrer le fondateur de l'Empire obéissant religieusement à sa destinée, sans avoir d'autre mobile que le bien de la patrie, et rencontrant la domination du pouvoir, sans que son ambition l'eût jamais méditée. Cette interprétation trop favorable a contre elle les faits et toute la conscience de l'histoire.

Mais, dira l'auteur de l'*Histoire de Jules César*, la république devait périr; il était bon qu'elle pérît. César ne fut que le guide d'une révolution devenue nécessaire; la transformation du système aristocratique en monarchie était inévitable; la concentration du pouvoir dans les mains d'un seul était l'énergique remède aux maux de la république. César fit œuvre de progrès; c'est le salut qu'il apportait, et le crime de sa mort fut le malheur de Rome.

Pour éclairer notre jugement sur la valeur de l'institution césarienne, il importe, on le comprend, de rappeler et de bien indiquer la nature de la révolution accomplie par l'ambitieux dictateur. Mais nous voulons établir d'abord sur ce grand changement de constitution politique, l'exacte conviction de l'écrivain impérial. Nous désirons que notre critique ne puisse être suspectée de fantaisie; aussi allons-nous, pour éviter tout reproche semblable, suivre la méthode consciencieuse que nous avons employée jusqu'ici, et demander à de textuelles citations l'éclaircissement de la pensée de l'auteur.

Aux yeux de Napoléon III, le sénat romain, les défenseurs de la liberté expirante, les Caton, les Hortensius, les Marcellus, les Cicéron formaient, à vrai dire, le parti « des honnêtes gens ; » mais c'étaient aussi là les « anciens partis, » « esclaves de préjugés », « faisant obstacle au mouvement qui entraîne la société dans de nouvelles voies. » Le parti de Marius, de Catilina, de Clodius et de César, représente l'avenir et le progrès. Il apporte au siècle « les idées nouvelles. » « Immobiles ou hargneux, » dit Napoléon III, en parlant des premiers, c'est à dire des hommes des anciens partis, « ils s'opposaient au *progrès.* » « Malgré leurs vertus, ajoute-t-il, ils n'étaient qu'un obstacle à *la marche régulière de la civilisation.* » Ils eussent, sans César, réussi peut-être à empêcher « le triomphe de la cause populaire, » et « l'avénement d'un régime appelé par les vœux du pays. » « Ils ne savaient pas, c'est toujours l'historien qui parle, à travers les défauts de certains adhérents au pouvoir, discerner *la grandeur de la cause* de César. » « Cicéron, je cite encore, au lieu de comprendre l'*avenir,* et de *hâter le progrès* par sa coopération, résistait à l'élan général, niait l'évidence. » Cette évidence, c'est donc bien, dans la pensée arrêtée de l'historien, l'excellence de l'institution politique fondée par César. Les Romains, par le meurtre de César, « crucifièrent leur messie ; » ils furent « aveugles et coupables ; » « aveugles, » car ils voulaient « *suspendre le triomphe du bien ;* » « coupables, » car « *ils retardèrent le progrès.* »

L'Europe, en brisant l'empire français (il serait plus exact de dire qu'il a succombé sous le poids de son vice originel), l'Europe a commis le même crime de lèse-civilisation. Le rapprochement n'est pas de moi, il est de l'auteur lui-même. « Mais, continue-t-il, ni le meurtre de César, ni la captivité de Sainte-Hélène, n'ont pu détruire sans retour deux causes populaires renversées par une ligue se couvrant du masque de la liberté. » En effet, Auguste reprit l'œuvre de César et installa définitivement l'Empire sur les ruines de la république ; nous avons assisté de nos jours au spectacle analogue de la résurrection de l'empire français. Si j'étais Napoléon III, je tiendrais moins peut-être à mettre ainsi en relief le parallèle des deux situations. Mais sa sagesse a jugé la cause populaire de l'empire également salutaire et nécessaire, à Paris et à Rome, pour la France contemporaine comme pour l'Italie des Césars, et il n'a rien épargné, il faut le reconnaître, pour faire partager à cet égard à ses concitoyens sa conviction très-énergique.

Voilà la thèse politique, un peu dynastique, du livre de Napoléon III, mise en pleine lumière par d'irrécusables citations. Il est donc facile de s'en conaincre, dans la révolution tentée par César, l'auteur ne voit pas et ne vient pas défendre une nécessité imposée par un temps de décadence, mais bien une évolution désirable et naturelle de la civilisation même et du progrès. Il ne gémit pas, il applaudit. C'est là le côté le plus hardi de son apologie. Nous allons l'examiner avec soin.

※

Quelle fut cette grande révolution, jugée comme un progrès par l'Empereur? Quels furent son caractère et ses résultats? Nous demanderons, comme nous l'avons dit, la réponse à cette question à l'auteur lui-même.

Il nous représente, dans l'un des chapitres les mieux réussis du livre, l'aristocratie, dont la sagesse avait fait la grandeur de Rome, dégénérée en une oligarchie oppressive et corrompue. Nous ne voulons point contester la parfaite réalité historique du tableau de cette décadence. Napoléon III a raison de dire que « si au dehors aucun danger sérieux ne semble plus menacer la république, au dedans il existe de grands intérêts non satisfaits et des peuples mécontents. » Alliés, esclaves, affranchis, plèbe assujettie, forment autant d'éléments de division et de déchirement de la république. Celle-ci entre en lutte contre l'opposition de tous ces mécontentements accumulés; elle finit par périr vaincue.

En face du parti du sénat, de l'aristocratie et du privilége, s'élève et s'agite le parti populaire, mené par les tribuns, les Gracques, les Marius et les Clodius. La guerre de ces deux factions remplit les derniers temps de la république. Le parti populaire ou démocratique eut-il plus de moralité que le parti de la noblesse, plus d'équité, plus de justice? Valait-il davantage? Il valait moins encore. On sait l'avilissement et la dégradation de la plèbe romaine, sa honteuse vénalité. Ce n'est pas la liberté qu'elle demandait, mais la licence, les jeux et les spectacles sanglants, le pillage de la fortune publique. Ce qu'elle voulait, c'était beaucoup moins entrer au partage des droits et de la liberté étendus équitablement à tous, que l'asservissement de ses adversaires vaincus à leur tour. La plèbe, en un mot, cherchait à s'emparer du pouvoir, pour user de représailles, et substituer sa propre tyrannie à la tyrannie de l'oligarchie écrasée. Marius valut Sylla; les proscriptions et les violences sanguinaires de l'un égalèrent celles de l'autre. La notion de la liberté égale et commune est absente de cette société et de ce siècle-là.

La réforme, c'est-à-dire la conciliation des intérêts, la liberté et l'égalité de droits, était-elle possible encore au temps de Marius et de Sylla? Je ne le crois pas, le mal était trop profond. Il eût fallu pouvoir changer les conditions économiques et morales de la civilisation païenne; il eût fallu transformer toutes les bases d'une société fondée sur la conquête et le pillage, sur l'esclavage, l'inégalité, le mépris du travail, l'exploitation humaine, et le devoir pour tout citoyen d'une oisiveté corruptrice. La réforme morale devait précéder la réforme sociale. Il appartenait au christianisme d'apporter à cette société pourrie la vertu médicatrice nécessaire, et il semblait réservé dans les desseins de Dieu, que cette vertu n'agît que lentement sur une société nouvelle, jeune et barbare. La réforme était impossible à Rome ; il n'y avait de possible que la révolution, c'est-à-dire l'anarchie avec la dictature pour couronnement.

※

Là fut véritablement l'œuvre de César. Il ne fit pas la réforme, il ne résolut pas le problème, il le trancha par la force.

César se fit le chef du parti populaire ; il exploita habilement toutes les oppositions et toutes les hostilités contre le sénat ; il conduisit la plèbe et les provinces à l'assaut de l'oligarchie gouvernementale ; il en triompha, la république succomba.

Pour quel résultat et dans quel but ?

Pour établir, sur la ruine du privilége, le règne de la liberté de tous ? Nullement, mais pour fonder la domination de son pouvoir dictatorial et absolu, et courber la société entière, noblesse et peuple, sous le joug d'une dépendance commune. Sans doute cette chute de l'oligarchie romaine apparut d'abord pour beaucoup comme une délivrance. Le monde opprimé des provinces, de l'Italie, des alliés, des affranchis et de la plèbe acclama César. Rome avait dangereusement absorbé la vie générale ; elle avait tout fait affluer à elle. Après avoir vaincu le monde, elle le vit, devenu son ennemi, se retourner contre elle-même et la vaincre à son tour. Elle fut un peu conquise par sa conquête.

Devant cette explosion de haine, il est trop évident que le sénat romain avait manqué, dans toute cette dernière période, de cette sagesse prudente, qui avait fait l'honneur et la force des premiers temps de la république. Mais ce qu'on ne vit peut-être pas clairement d'abord, et ce qu'il ne faut jamais perdre de vue pour l'appréciation de cet événement de l'histoire, c'est que les classes assujetties ne conquirent pas la liberté. La révolution ne fit qu'universaliser la servitude. Pour la démocratie, le triomphe de César fut moins son triomphe à elle que la défaite de son ennemie, la ruine de l'aristocratie abaissée à son niveau ; elle-même ne s'éleva pas à la liberté, et elle dut abdiquer aux pieds du dictateur. On la vit préférer, dangereux exemple qui devait être imité, l'égalité dans la sujétion à l'inégalité dans la liberté. César fit ce que firent les rois de France qui, eux aussi, menèrent le peuple et les communes à l'assaut de la féodalité, et, la victoire obtenue, confisquèrent la liberté générale au profit de leur absolu pouvoir.

Il ne faut point venir m'objecter, pour la défense de l'empire, le droit de citoyen étendu à un plus grand nombre ; la liberté, abritée sous ce droit, devint nulle. Tout le monde fut citoyen, mais il ne servit plus à grand'chose de l'être.

Je ne veux point oublier qu'à Rome, sans doute, cette ancienne liberté du citoyen avait été restreinte à sa part d'une souveraineté absolue elle-même. A Rome, en effet, comme dans toute l'antiquité, le citoyen était fait pour l'État, non l'État pour le citoyen. Le pouvoir était armé d'un droit absolu; il réglementait la vie entière. Rome a toujours ignoré les libertés naturelles, civiles, individuelles et sociales. Elle confondait, comme on l'a dit, la souveraineté avec la liberté. La seule liberté du citoyen était l'exercice de sa part de pouvoir; c'était la liberté politique.

Ce qui prouve, en passant, que si la liberté individuelle et sociale, c'est-à-dire le droit pour le citoyen de disposer à son gré de son activité, de ses biens et de sa vie, ne peut exister, surtout de nos jours, sans la liberté politique, qui reste sa nécessaire garantie, il n'est pas exact de dire toutefois que celle-ci ne puisse, dans certains cas, se rencontrer sans celle-là. La nation, en jouissance de la liberté politique et du droit de suffrage, ne peut-elle pas déléguer sa puissance à une assemblée souveraine, et est-il impossible que cette convention nationale ne puisse exercer un pouvoir absolu et même tyrannique? La loi, même faite avec le concours de la nation peut violer les libertés naturelles et civiles. La liberté politique n'est donc pas toute la liberté. Mais il ne faut pas nier qu'elle n'en soit une portion considérable et nécessaire.

Si à Rome l'État pouvait tout, le citoyen au moins était un membre de l'État. Il nommait les magistrats, et il pouvait être magistrat lui-même. Le gouvernement était absolu, mais le citoyen était le gouvernement. Les magistratures étaient temporaires, seule garantie possible contre les abus du pouvoir, dans ce système incomplétement libéral, la véritable garantie ne se trouvant que dans la limité constitutionnelle, non du temps pendant lequel le pouvoir s'exerce, mais du pouvoir lui-même. Ce n'est pas là sans doute la perfection possible, mais c'est beaucoup déjà, et, sous sa forme restreinte, la liberté romaine était encore la liberté. Le progrès eût consisté à l'étendre, non à la détruire.

L'exercice de la souveraineté, cette liberté du citoyen romain, était resté aux mains d'une classe privilégiée; après la révolution, elle ne fut plus aux mains de personne. L'aristocratie ne l'eut plus; la démocratie ne l'eut pas; César en disposa seul dictatorialement.

On le vit réunir sur sa tête le pouvoir des principales magistratures, le consulat, le tribunat, le pontificat, la *præfectura morum*, avec la faculté illimitée de priver les citoyens de leurs droits politiques. Plus tard, il prit soin de partager les magistratures en deux catégories : il s'adjugea la nomination exclusive aux unes, c'étaient naturellement les plus importantes ; il abandonna aux comices la nomination aux autres, mais à la condition de *dominer les comices* et de *diriger les élections*, selon le mot de l'auteur, en désignant les candidats lui-même à l'impéritie nationale. Ce système de candidatures officielles et de tutelle politique masquait mal le vasselage complet du peuple.

Pour l'administration des provinces, César se reserva la nomination des gouverneurs dans les provinces prétoriennes ; le sénat conserva celle des gouverneurs dans les provinces consulaires. Mais il faut dire que le sénat lui-même fut sagement épuré ; les anciens membres furent remplacés par les créatures du dictateur, je veux dire par des citoyens dévoués à la constitution nouvelle. Restait un point important, l'administration des finances ; César s'attribua prudemment la disposition du trésor public, sans contrôle de la part du Sénat, qui jusqu'alors avait eu seul ce droit.

X

Tout cela n'indique pas précisément un progrès de la liberté. L'écrivain impérial le reconnaît volontiers lui-même, et il salue, dans « cette concentration de tous les pouvoirs dans les mains d'un seul » l'avénement de la dictature. Il proclame *grand* ce résultat de la révolution césarienne.

« César, dit-il, avait obtenu un grand résultat : il avait remplacé l'anarchie par un pouvoir énergique, *dominant à la fois le sénat et les comices.* » « Il *fallait,* ajoute-t-il, que César pût *diriger les élections* contre les inimitiés » des anciens partis. Il écrit que « *la liberté de la parole et du vote* » avait été « un grand bienfait ; » mais le correctif vient immédiatement après, et l'historien affirme que « *la liberté n'est plus* (il parle du temps de César) *qu'une cause incessante de faiblesse et de décadence.* »

« Il faut, dit-il encore, établir dans l'État une autorité morale qui domine les passions, modère les lois, *donne plus de fixité au pouvoir, dirige les élections....* Il faut *un pouvoir fort dans les mains d'un seul,* afin d'assurer *l'ordre en Italie* et la *gloire à l'extérieur.* "

. C'est bien là, en effet, chacun le voit, le programme de l'Empire. Aussi le panégyriste de César nous avait-il prévenu que le héros romain joignait, pour remplir un tel rôle, " au génie militaire des grands généraux le *sentiment profond du dictateur pour l'ordre* et la hiérarchie. "

Napoléon III signale " l'entraînement général " qui poussait les choses à l'établissement de l'Empire. " L'Italie, s'écrie-t-il, demandait *un maître.* " Il remarque que " si la conduite de Sylla eût été modérée, l'Empire eût pu commencer avec lui. " Il paraît regretter ce retard pour le bonheur de Rome. Il dit que déjà " les Gracques, Marius et Sylla avaient tour à tour *disposé à leur gré des destinées de la république ;* " il leur reproche d'en avoir mal disposé, non d'en avoir disposé, et il ne s'alarme pas de la décadence des institutions, qui permettait ainsi l'empire d'un seul. Le tort des Gracques est " de n'avoir pas eu *les mains assez fermes ;* " Tibérius Grachus " avait déchaîné la tempête et *n'osait pas lancer la foudre.* " Aux Gracques, ajoute-t-il, " *avait manqué une armée.* " Dans la pensée de l'auteur, ce qui perdit les Gracques, c'est donc le scrupule mal entendu de la légalité. Je ne conteste rien de cet entraînement général à l'Empire et de cette force des choses ; mais était-ce là, je le demande, un entraînement vers le progrès? S'il fallait un maître à l'Italie, c'était peut-être pour son châtiment, ce n'était pas à coup sûr pour la gloire de sa civilisation! Voilà ce que l'auteur ne nous dit pas, et ce que d'un bout à l'autre de son livre il s'obstine à ne pas voir ou à taire.

✕

« L'idée nouvelle » qu'apportait César, ce n'était donc point la réforme, mais l'Empire, qui ne pouvait être que l'interrègne de la force. Je ne consentirais jamais, pour ma part, à voir dans cette révolution « la marche régulière de la civilisation, » et à saluer « la grandeur de cette cause. » L'Empire n'était pas une solution, mais un dénoûment; il ne pouvait être le remède et le salut.

Le césarisme pouvait bien donner à la société une paix apparente et extérieure, empêcher, pour un temps peut-être, les commotions et les soulèvements à la surface; il n'était pas en son pouvoir d'arrêter les causes de décomposition, qui minaient sourdement le dessous de l'édifice social. Je l'ai dit, la réforme morale était nécessaire à la réforme sociale, et prétendre que César pouvait en être l'apôtre, serait pousser à sa limite ridicule l'abus du paradoxe.

L'Empire ne fut point un épanouissement de la civilisation; ce fut son avortement. Mon jugement sur l'Empire reste celui d'Ampère dans ses belles études sur l'*Histoire romaine à Rome :* « Il s'est établi depuis quelque temps, écrit le spirituel académicien, une mode de réhabiliter l'Empire, car il avait besoin de réhabilitation. Je me suis permis de ne pas tenir compte de ce paradoxe; j'en suis resté à l'opinion commune, voilà ma hardiesse; on avait mis le cœur à droite, je l'ai remis à gauche : ce n'est pas ma faute s'il ne convient point à tout le monde qu'il soit à sa place. "

L'auteur a raison de dire que " la grandeur d'un homme se reconnaît à l'empire de ses idées, lorsque ses principes et son système triomphent en dépit de sa mort ou de sa défaite. " Oui, c'est à l'œuvre qu'il faut juger l'ouvrier; c'est par l'Empire qu'il faut juger César. Le génie de l'homme fut grand, son œuvre funeste. Il ne fonda rien sinon l'institution du pouvoir absolu sur la ruine de la république; celle-ci ne pouvait revivre, l'Empire s'imposa comme une triste nécessité. Napoléon III dit, dans sa préface, que " la durée d'une institution est la preuve de sa bonté. " C'est marcher lestement sur l'histoire, et, sans citer l'esclavage, j'ai le droit de répondre à ce sophisme, en rappelant l'Empire, qui dura des siècles et ne valut jamais rien. L'Empire ne fut autre chose en effet que toute la force de l'État mise à la disposition d'un maître, selon la juste définition de l'auteur lui-même; ce maître était César aujourd'hui, il pouvait être Néron demain.

Napoléon III croit que le meurtre de César rendit seul " possibles les règnes de Néron et de Caligula. "

C'est là une illusion. Après César le Grand, le génie puissant et dominateur, vint Auguste, plus habile, le pâle Octave, cauteleux et hypocrite ; Tibère continue Auguste, et après Tibère, Caligula. Toute cette succession était le vice et la fatalité du régime lui-même, fondé sur l'écrasement de toute vie libre et de toute résistance. Aussi, contemplant cette descendance sinistre des Césars de Rome, Ampère dit avec une raison profonde « qu'à Rome, le despotisme porta rapidement *ses fruits naturels*. »

✳

On peut croire que César entrevit lui-même le néant de ses efforts et de son œuvre. On remarque à la fin chez lui l'abattement, le découragement et comme une sorte d'inaction de l'impuissance. Le mal épileptique dont il souffrait semble avoir épuisé sa force morale et physique. Le nouvel historien conteste l'épilepsie de César, je ne sais trop pourquoi, et il prétend qu'on a confondu avec elle « quelques attaques nerveuses. » Il affirme que « sa santé n'était pas altérée par l'excès des plaisirs. » Pour toute preuve, il ne produit ici, à vrai dire, que sa propre autorité.

Ce système du césarisme, devenu lourd aux mains de César lui-même, ce pouvoir absolu délégué par le suffrage universel, ne déplaît pas à Napoléon III. Le chef de l'Empire français aime à sentir dans les mains les rênes d'un pouvoir fort et libre d'entraves

gênantes. Il écrit que « l'indépendance presque absolue dans l'exercice du commandement contribue au
développement des facultés, » et il se plaint que « nos
habitudes constitutionnelles aient érigé en principe la
défiance envers le pouvoir. » Il fait remarquer « qu'à
Rome, c'était la confiance, au contraire, qui dominait.
Il pouvait ajouter que cette confiance fut souvent
trompée et qu'elle devait l'être.

Mais si l'indépendance presque absolue dans l'exercice du commandement contribue au développement
des facultés de celui qui gouverne, ce ne peut être,
l'auteur semble l'oublier, qu'au détriment du développement des facultés de ceux qui sont gouvernés,
c'est à dire de la société entière, et il arrive ainsi, dans
ce joli système, que la bonne éducation du prince fait
le malheur de tous.

Mais il n'est pas même exact de dire que l'éducation
par le pouvoir absolu soit profitable au prince.
L'exemple de César en est une preuve ; j'ai déjà cité
ailleurs celui de Napoléon. Si les meilleurs n'échap-
pent pas eux-mêmes au vertige de la toute-puissance
et à son action corruptrice, quel sort attend donc les
autres ? Un grand historien, M. Thiers, a pu dire que
Napoléon était l'un des esprits les plus sensés qui
aient existé, et que pourtant il aboutit à la plus folle
des politiques. Le despotisme peut tout sur les hommes,
ajoute-t-il, puisqu'il a pu pervertir le bon sens de
Napoléon. Aussi les peuples feront-ils sagement, pour
leur bien, de penser, avec cet illustre homme d'État,

que, si quelquefois les gouvernements ont besoin d'être stimulés, plus habituellement ils ont besoin d'être contenus [1].

Ce n'est pas tout à fait le sentiment de l'Empereur, qui paraît regretter que " dans nos sociétés modernes le dépositaire d'une autorité quelconque soit toujours retenu par des liens puissants; " " il obéit, dit-il, à une loi précise, à un règlement minutieux, à un supérieur. Le Romain, au contraire, abandonné à sa seule responsabilité, se sentait dégagé de toute entrave, il commandait en maître....... "

Oui, l'autorité sous la loi, c'est bien là, en effet, l'une des habitudes des gouvernements constitutionnels; je dirai même que c'est peut-être leur principe le plus essentiel. J'ajouterai que, quand l'autorité n'obéit pas à la loi et ne reconnaît pas ce supérieur, elle cesse d'être l'autorité pour devenir l'arbitraire, qui est à son tour l'habitude des gouvernements absolus.

L'arbitraire consiste précisément dans cette annulation de l'autorité de la loi, qui a pour effet de donner à la volonté du prince force de loi. " La république n'est rien, s'écrie César; c'est un nom, une ombre sans corps; Sylla n'a été qu'un sot quand il a abdiqué : *Je veux* qu'on me parle désormais avec plus de réserve et *que mes paroles soient des lois.* " C'est la maxime du droit impérial : *Quod principi placuit legis habet vigorem.* Voilà le régime du césarisme, le principe d'autorité légué

---

[1] Thiers, *Histoire du Consulat et de l'Empire.*

par César au monde, et que l'auteur ne craint pas d'acclamer, en disant que César « a légué *aux chefs futurs* des nations *son nom*, comme *emblème consacré du pouvoir*. »

※

César commence véritablement l'Empire. Il est la loi vivante, il est tout, il est dieu. Il possède son temple, ses autels et ses sacrifices. César s'appelle Jupiter-Julius ; il a sa statue en face de celle de Jupiter.

Il est maître absolu. Le sénat rend des décrets que nul sénateur ne connaît. Tout se fait par César ; le peuple lui a délégué son souverain pouvoir. Il ne peut échapper cependant à l'intempérance , j'allais dire à l'imprudente orgie de la toute-puissance.

« Il se joue tout à fait avec les consulats et les prétures, écrit M. de Champagny, laisse pendant toute la guerre d'Espagne Rome sans magistrats, crée des consuls plusieurs années d'avance, quitte le consulat et met à sa place qui il veut, nomme un consul pour dix-sept heures, donne des charges à ses esclaves, se rit des auspices, ne garde pas même la lettre de la loi si facile et si accommodante : il oublie qu'il faut à la révolte bien plutôt des prétextes que des raisons.

« Un tribun refuse de se lever sur son passage : « Tribun, lui dit-il, viens-tu me redemander la république ? » et il ne donne plus un ordre sans ajouter ironiquement : « Si Pontius Aquila le permet. » Le

sénat vient à lui chargé de décrets honorifiques :
« César ne se lève même pas devant le sénat[1]. »

Tant il est vrai que le plus grand génie ne préserve
pas l'homme des naturels abus « de l'autorité sans
entrave, « et des inévitables excès « de l'indépendance
presque absolue dans l'exercice du commandement. »

César flatte les deux forces brutales qui lui ont
donné le pouvoir, la force armée et la force populaire,
les légions et la plèbe. Tout l'Empire sera à la merci
de ces deux forces. César donne à Rome des fêtes et
des spectacles d'une splendeur inouïe, il distribue des
largesses corruptrices ; c'est aussi l'une des faces de
l'Empire qui se révèle.

L'Empire, on le voit venir. Tout s'incline et s'abaisse
devant la volonté suprême de César. Encore chez lui,
on l'a dit, le tyran tempère la tyrannie, mais on pres-
sent déjà les règnes futurs. Car le despotisme, comme
l'a dit l'un des esprits les plus éminents de notre
temps, M. Guizot, n'a qu'un mérite d'exception, une
vertu de circonstance, et, dès que son heure est passée,
tous les vices de sa nature éclatent et pèsent sur la
société[2]. Le temps devait découvrir toute la plaie du
nouveau régime. M. de Champagny, qui a fait de cette
époque une étude savante, a défini l'Empire avec
raison : « de la force, de la force toute nue, donnée par
un hasard et retirée par un autre. » Tacite a résumé

---

[1] DE CHAMPAGNY, *Les Césars*.

[2] GUIZOT, *Histoire de la civilisation en France*.

toute cette histoire de l'institution impériale par ce mot : " Marius et Sylla triomphèrent de la liberté et la remplacèrent par le souverain pouvoir..... Pompée fut plus caché sans être meilleur, *et depuis on ne lutta plus que pour savoir qui serait le maître.* "

Les Caton, les Cicéron, les Brutus devinaient et redoutaient, avec un instinct politique sûr, ce sort de la patrie romaine. Tout le génie de César ne réussissait pas à leur cacher la dégradation de la vie publique et le péril de l'avenir. Ils résistaient noblement, sans cependant se faire grande illusion sur l'inutilité probable de leurs efforts.

" Je n'espère plus rien pour la république, écrit Cicéron, je la crois abolie jusqu'aux fondements ; mais je pars pour ne pas voir ce qui se fait sous mes yeux et ce qui sera plus sinistre encore. " Caton contemplait tristement aussi toute cette ruine de la république, " mais il ne croyait pas, dit M. Ampère, dans un éloquent langage, que, parce que la liberté était en péril il fallait la trahir, y renoncer parce qu'elle était déréglée, la tuer parce qu'elle était malade [1]. "

L'écrivain impérial ne dissimule pas son dépit, son mécontentement de toutes ces résistances qu'il déplore. Il eût voulu voir les anciens partis de la république, par amour de la concorde, abdiquer aux pieds du maître. Il accuse l'aveuglement et " le faux amour-propre " de Cicéron, " la petitesse d'esprit " de Caton,

---

[1] AMPÈRE, *L'Histoire romaine à Rome*

» les préjugés du sénat, » » la petite guerre de sarcasmes et de chicanes » des anciens partis. Il dénonce avec colère ces insupportables boudeurs de l'Empire et de la gloire de César.

Je ne pense pas que l'auteur réussisse à raturer l'arrêt de l'histoire et à descendre de leur piédestal ces derniers grands défenseurs de la liberté romaine. Ceux-ci prévoyaient que le peuple des citoyens romains allait disparaître pour faire place à un peuple de serviteurs et de sujets. Ils pleuraient l'honneur de la vie libre abaissé, la dignité perdue, la fierté citoyenne vaincue ou suspectée, *honestatem et dignitatem*. Oui, ces derniers Romains défendaient tous ces grands souvenirs du passé de l'injure présente, et ils ne savaient pas se courber servilement au niveau des favoris du maître. Ils protestaient, ils luttaient, et ils avaient raison ; leur protestation fait leur gloire, et, si elle ne triompha pas, elle est restée du moins tout l'honneur de ce temps-là.

IV

CONCLUSION

L'esprit se reporte involontairement de ce temps-là vers ce temps-ci, et l'on se demande s'il faut chercher dans toute cette histoire des destinées de Rome une image des destinées de la France? L'impérial écrivain

répond affirmativement, et il est impossible de se dissimuler que telle est bien la conclusion de son livre.

Dieu me garde de comparer très-injustement les
conditions de la civilisation en France avec celles de
la civilisation à Rome, à l'heure de la ruine de la république. Une révolution de dix-huit siècles a mis entre
elles une différence, qui est toute à l'avantage du
temps présent. Le christianisme a apporté la réforme
morale au monde; le progrès a heureusement trans-
formé toutes les bases de l'ordre social et politique.
La société du xixe siècle est laborieuse; malgré toutes
ses défaillances et ses chutes, elle est une société en
plein progrès; celle du temps de César était une société pourrie, en pleine activité de décadence. Mais il
n'est que trop vrai de dire que la marche de la civilisation reproduit souvent les mêmes spectacles, j'ajouterai les mêmes périls, et, malgré tant de précieuses
différences, l'observateur attentif peut saisir toute
l'évidente analogie des deux situations. J'admets,
comme l'auteur, le rapprochement historique, mais je
repousse l'enseignement qu'il en tire.

Ce parallèle des deux Empires, Napoléon III le
dévoile et le signale constamment, et l'on peut dire
en toute vérité, qu'il est le fond même de la pensée de
son livre. L'allusion, nous l'avons vu, ressort partout
avec clarté. Ce livre est une défense, et sous l'apologie
de César, se devine l'apologie du règne. César, c'est
Napoléon Ier, et l'Empire aujourd'hui apporte aussi à
la France le salut et le progrès.

On ne conteste point que l'Empire ne soit pas tout à fait la liberté, et, dans la récente discussion de l'adresse au Corps législatif, l'opposition a pu définir la liberté française *une liberté tempérée par l'arbitraire,* sans que l'ironique contradiction de ces deux mots ait paru émouvoir fort la susceptibilité de la majorité gouvernementale. Un discours célèbre avait jadis promis la liberté comme le couronnement de l'édifice; le commentaire du livre impérial ne vient-il pas changer quelque chose à cette promesse et conclure à son ajournement indéfini?

Il y paraît, à vrai dire, et, quand l'écrivain annonce que " la liberté n'est plus qu'une cause *incessante* de faiblesse et de décadence, " le lecteur trouve que cette inexorable sentence ressemble, à ne pouvoir s'y méprendre, à une condamnation frappant aussi la démocratie française. L'historien nous apprend que ce sont " les abus de la liberté, " qui ont rendu nécessaires à Rome la concentration du pouvoir dans les mains d'un seul et la suspension de la liberté. L'Empereur, dans sa réponse à l'adresse, vient d'affirmer que la France " redoute encore les abus de la liberté. " C'est dire que le péril subsiste toujours et qu'il est prudent de garder la liberté en suspens. Un péril semblable appelle un remède semblable, et la morale de l'histoire, c'est que l'empire entend rester le pouvoir absolu pour le bonheur de la France.

L'édifice n'est pas achevé encore, dit l'Empereur; " contentons-nous d'apporter chaque jour une pierre nouvelle ; l'édifice ne saurait s'élever trop haut [1]. " Il me semble voir l'Empereur répondre avec un geste modérateur aux impatients qui demandent le couronnement : plus haut, plus haut encore ! Mais, pour ma part, j'incline à croire que si l'édifice ne saurait s'élever assez haut, c'est que le couronnement ne saurait se trouver assez loin, et il est inutile de remarquer qu'à de telles hauteurs sidérales la forme des choses cesse d'être visible.

Oui, je le reconnais, le problème politique se pose aujourd'hui à peu près pour la France, comme il s'est posé à Rome du temps de César. La lutte s'établit entre ce que j'appellerai à mon tour la marche régulière de la civilisation, c'est-à-dire le progrès de la liberté, et le pouvoir absolu qui veut ressaisir la France sous la forme nouvelle et plus savante d'une démocratie égalisée.

Je sais tous les sophismes au service des paradoxes officiels, et comment on oppose perfidement la démocratie au libéralisme. La démocratie c'est l'égalité de droits et le suffrage universel ; le libéralisme ne se contente pas de citoyens égaux, qui, on l'a dit, peuvent être des serviteurs égaux ; il veut, avant tout, des citoyens libres.

[1] Discours de l'Empereur en réponse au discours de l'adresse de la présente session au corps législatif

Sans doute, l'égalité dans la liberté ou le triomphe de la démocratie libérale reste l'idéal absolu, jamais atteint encore. Mais de ce que cet idéal ne s'est que très-imparfaitement réalisé jusqu'ici, il ne faut pas en conclure que le progrès consiste à s'en éloigner. Le devoir de la civilisation au contraire est de se l'approprier dans la mesure du possible. Cette appropriation est la mission des hommes d'État; mais ceux-ci ne doivent pas perdre de vue les principes, et il leur importe de se souvenir toujours qu'une pratique utilitaire, sans une théorie générale qui la coordonne, ne peut être qu'une conduite politique sans base et nécessairement livrée à tous les hasards des aventures.

Ce n'est donc pas tout de fonder des institutions démocratiques, il faut encore fonder des institutions libres, et il me paraît prudent que celles-ci soient les premières en·date. Je reste convaincu qu'il est utile que l'œuvre de la liberté précède l'œuvre de l'égalité. Il faut introduire la liberté d'abord, sauf à l'étendre ensuite progressivement et équitablement à un plus grand nombre, afin d'en faire enfin le patrimoine inviolable et égal de chaque citoyen. Mais donner l'égalité sans la liberté, en ajournant celle-ci, c'est masquer la servitude. On sait quand on aliène la liberté, on ne sait pas quand on la retrouve, et elle ne peut être au sommet, quand elle ne se trouve pas à la base de l'édifice politique. Ce n'est donc pas la liberté, mais c'est plutôt l'égalité, qui est le naturel couronnement de cet édifice.

Deux démocraties se trouvent ainsi en présence : la démocratie purement égalitaire ou absolutiste, et la démocratie libérale. Je n'ai pas besoin de dire que si l'une est un danger pour la civilisation, l'autre serait son progrès. Un grand nombre d'écrivains français, marchant sous les drapeaux les plus divers, ont signalé l'écueil du premier de ces deux régimes politiques : je nommerai M. de Montalembert et M. J. Simon, M. Guizot et M. Laboulaye, M. Thiers et M. de Tocqueville. Je pourrais citer bien d'autres noms encore d'un contraste aussi bizarre. Sans doute, tous sont très-loin de se trouver également les défenseurs de la liberté, mais tous redoutent le péril d'une démocratie asservie aux mains d'un maître. Si l'écueil est signalé par tant de pilotes différents, c'est la preuve certaine qu'il se trouve en vue.

M. de Montalembert, au congrès de Malines, a dépeint, dans un discours qui restera un modèle de haute et pénétrante éloquence, « les humiliations que comportent l'égalité sans la liberté et une civilisation raffinée sans vitalité politique. » Tant que la démocratie n'aura pas trouvé son assiette morale, dit l'illustre orateur, « les nations risqueront longtemps de voir les jalousies de l'égalité aboutir à une servilité croissante; les entraînements étourdis de la foule se résoudre en des paniques et des léthargies ridicules; le niveau des caractères s'abaisser en même temps que celui des capacités ; la réalité de la vie publique remplacée par de vains simulacres; le droit de chacun asservi à la volonté de tous ; la vie politique immolée à l'amour du repos, au besoin d'une sécurité éphémère ; la révolution évoquée, tantôt comme un épouvantail, tantôt comme une complice, pour enchaîner la liberté publique ; cette liberté supprimée, non pas avec la brutale franchise des sultans, mais avec la sournoise hypocrisie des Césars, qui n'avoue pas et ne laisse pas même avouer la réalité du despotisme ; enfin, la dictature exercée au nom de la multitude déclarée souveraine, et payant de sa liberté la rançon de sa souveraineté dérisoire ; maîtresse pendant un jour, esclave le lendemain et pour des siècles [1]. "

M. de Tocqueville à qui revient l'honneur d'avoir dénoncé le premier à la vigilance des hommes d'État " cette forme particulière de la tyrannie, qu'on nomme le despotisme démocratique, " l'a admirablement définie dans ces termes : " Un peuple, dit-il, composé d'individus presque semblables et entièrement égaux, cette masse confuse reconnue pour le seul souverain légitime, mais soigneusement privée de toutes les facultés qui pourraient lui permettre de surveiller elle-même son gouvernement. Au-dessus d'elle, un mandataire unique chargé de tout faire en son nom, sans la consulter. Pour contrôler celui-ci, une raison publique sans organes ; pour l'arrêter, des révolutions et non des lois. En droit, un agent subordonné ; en fait, un maître [2]. "

---

[1] Montalembert, *L'Église libre dans l'État libre.*

[2] Tocqueville, *l'Ancien Régime et la Révolution.*

Dans ce système, le peuple délègue sa toute-puissance, et il n'en retient rien pour lui-même. En droit, il est souverain; en fait, il est le souverain le plus surveillé, le plus empêché, le plus commandé, qui puisse être. Il n'est maître ni de sa pensée, ni de sa parole, ni de ses actions, ni de sa vie. A Rome, nous l'avons vu, le mouvement démocratique a échoué dans ce piége de la démocratie impériale ou césarienne. L'Empire, je l'ai dit, fut l'avortement de la civilisation, et il commença une décadence, dont Rome ne s'est pas relevée.

Dix-huit siècles ont ramené le problème au même point, et l'on se demande quel chemin va prendre la démocratie française? Fera-t-elle retour au césarisme et installera-t-elle définitivement le régime de la liberté tempérée par l'arbitraire, ou la verra-t-on s'épanouir glorieusement sous le règne de la liberté sincère et du droit?

Napoléon III incline à penser que la démocratie française, comme la démocratie antique, abdiquera dans un chef et finira dans l'Empire. « La démocratie, dit-il, *confiante et passionnée*, croit *toujours* ses intérêts mieux représentés par *un seul*, que par un corps politique. » Je ne sais pas si, dans l'idée de l'Empereur, cet espèce d'aveu emporte ici conseil; mais ce n'est pas mal servir l'avenir de la démocratie française, je pense, que de lui souhaiter, avec plus de réflexion et de prudence, moins de confiance crédule et moins d'entraînement passionné pour ce régime de tutelle politique et de gouvernement d'un seul.

L'Empire n'est pas la liberté ; il se borne à la promettre, en l'ajournant à des temps meilleurs ; j'ajoute que, s'il était la liberté, il ne serait plus l'Empire. Beaucoup se consolent et prennent facilement leur parti de la liberté ainsi éloignée ; l'Empire nous apporte, s'écrient-ils, une large compensation, en nous donnant la gloire à l'extérieur et l'ordre au dedans. La gloire, je ne la conteste pas, quoiqu'elle ait souvent ses mensonges et ses périls ; mais j'ajoute que, dans un avenir certain, une nation ne peut rester grande au dehors qu'autant qu'elle se trouve grande chez elle ; la société vaut ce que vaut l'homme, et, ce qui peut grandir celui-ci, ce n'est pas le régime de l'absolutisme, c'est la liberté. Dire que la France n'est pas capable de l'ordre sous la liberté, et qu'il n'y a de possible chez elle que l'ordre sous la dictature, c'est mal faire son éloge.

Sans doute la société a deux bases aussi essentielles l'une que l'autre, Autorité, Liberté ; il ne s'agit pas de les détruire, mais de concilier leurs droits. Il ne faut pas plus absorber la société dans le pouvoir tout-puissant, ce qui est le thème païen du dieu-État, qu'effacer tout principe d'autorité sociale, pour plonger les sociétés dans l'anarchie. L'État a sa mission nécessaire, et je ne suis pas de ceux qui veulent mettre en péril, avec l'unité de sa souveraineté, ses droits les plus certains. Il y a une centralisation utile, c'est celle qui se renferme dans le cercle des attributions légitimes de l'État. La centralisation devient funeste, quand elle usurpe une sphère qui n'est pas la sienne; elle a pour limite le droit de la liberté. Quand il reste dans sa mission, « l'État, dit excellemment M. Laboulaye, est ce qu'il y a de plus grand et de plus saint parmi les institutions humaines; c'est la forme visible de la patrie. Jeté hors de son domaine, ce n'est plus qu'une tyrannie; il est malfaisant, ruineux et faible; rien ne l'arrête, il est vrai, mais rien ne le soutient. »

La limite de l'action de l'État peut donc varier dans une large mesure du régime le plus libéral au régime le plus absolu. J'ajouterai que cette mesure varie même selon les nécessités sociales. Une égale liberté, je le reconnais, ne convient pas à toutes les époques, à tous les pays, quels que soient leur degré de civilisation, leur âge, leur état social. La vie des peuples a peut-être son enfance, ses temps de minorité et de tutelle nécessaire. Il y a des époques barbares où le génie tout-puissant d'un seul, d'un Charlemagne, par exemple, peut devancer le progrès, en combattant l'ignorance et la barbarie universelle. Mais ce sont là de rares exceptions historiques. La liberté suppose un certain développement social, je le veux bien, mais ce qu'il faut affirmer avec une entière certitude, c'est qu'elle est le progrès. Le nier, c'est réduire l'idéal des sociétés humaines à un perpétuel état d'enfance, de minorité et de tutelle gouvernementale.

En théorie, l'on pourrait dire ceci : l'homme a droit à la plus grande liberté ; mais cette liberté est limitée, restreinte par la nécessité sociale, d'où naît le droit de l'État. Le progrès consiste à réduire cette nécessité sociale de l'intervention de l'État, à substituer à la tutelle du pouvoir l'action d'une société émancipée et libre. On le voit, en principe, la liberté est le droit primordial ; elle est la règle, le droit de l'État est sa restriction, et l'étendue de cette restriction mesure le *défaut* même de civilisation. C'est là une vérité théorique que je défie de contester sérieusement. Il est clair, en effet, que l'idéal, la pleine santé politique, ce ne peut être pour la société en tutelle la domination du pouvoir absolu, mais un état d'autonomie sociale et de *self government* ; c'est le règne de la liberté qui est cet idéal, le gouvernement de la nation par elle-même et sur elle-même. Acculés devant cette évidence, les absolutistes se rabattent d'ordinaire sur l'indignité de la nation, qui n'est pas mûre, dit-on, pour la liberté, sur la chimère de cet idéal impossible. Mais cet aveu dans leur bouche est la contradiction de leur principe. Je leur dirai : mais vous avouez donc qu'en soi du moins la liberté est le bien, qu'elle est le progrès, puisque vous en faites vous-mêmes un mérite et une récompense !

Qui ne doit confesser, du reste, pour peu qu'on y insiste, cette vérité claire et certaine ? Les dictatures elles-mêmes, en s'imposant comme le remède aux périls d'une situation critique, reconnaissent l'état de maladie et d'affaiblissement du corps social. Elles ne se donnent point comme le régime idéal et définitif. Toutes laissent habilement entrevoir la liberté comme l'avenir et le progrès d'un état plus normal. Toutes se présentent comme une transition à la liberté qu'elles promettent, et dont elles veulent prendre en main l'éducation. Mauvais maître et promesse trompeuse! La dictature ne peut donner la liberté qu'à l'impossible condition d'abdiquer d'abord elle-même. Elle s'enfante et se perpétue sans cesse; la liberté ne peut être son fruit. La liberté seule peut guérir ses propres blessures, et elle est à elle-même son plus sûr médecin et son meilleur instituteur. Ce n'est point en se laissant gouverner que les peuples apprennent à se gouverner eux-mêmes. L'expérience d'autrui ne profite à personne. Sans doute l'éducation de la nation par la liberté encore nouvelle ne peut se faire sans fautes, sans erreurs et sans crises. N'est-ce pas au prix de chutes que l'enfant apprend à marcher? Mais la liberté acquise, goûtée et régnante console des difficultés de son apprentissage. Les peuples sont vite punis, quand prenant ces difficultés en impatience ou en colère, ils se découragent de la liberté et viennent à fermer les yeux sur son bienfait.

Voulez-vous juger mieux encore les deux régimes, le régime du pouvoir absolu et le régime de liberté?

Jugez-les par leurs fruits. Le pouvoir absolu déshabitue la nation de penser et d'agir par elle-même. Il éteint le sens de la responsabilité individuelle. Quand l'État se charge de tout, il devient responsable de tout. Qu'arrive-t-il? C'est que dès lors le citoyen s'appartient moins, il devient comme la chose de l'État. Il fait moins usage de son intelligence, de sa prévoyance, de son libre arbitre. Il se fie au pouvoir dont il attend tout : religion, bien être matériel, vie et progrès. Il s'en remet à lui du soin de tous ses intérêts et de son existence, et on voit la société s'endormir honteusement dans une sorte de torpeur morale qui paralyse son développement. On la voit souvent alors, gangrenée par l'oisiveté du luxe et des plaisirs, oublier, pour le spectacle trompeur de sa puissance militaire, le bienfait plus sérieux de sa liberté perdue.

La tutelle du pouvoir absolu grandit nécessairement avec l'incurie, l'incapacité de la société, qu'elle engendre, et bientôt rien n'échappe plus à son investigation et à son joug. La société semble frappée d'inertie et de stérilité. Le plus grand crime d'un long despotisme est d'arrêter la séve de vie chez une nation, de faire de celle-ci une tourbe docile d'administrés, incapables des vertus civiques et de cette énergie morale, qui sont la condition et le ressort principal de la liberté d'un grand peuple. Son crime, c'est d'obstruer de piéges les voies de retour aux institutions libres et de les rendre presque impraticables; c'est de les semer de mille périls et d'imposer au règne de la

liberté la douloureuse condition d'une longue et dif-
cile épreuve.

Voyez à quel état d'abaissement et de prostration,
l'éducation de la monarchie absolue avait réduit tant
de nobles pays à la fin du xviiie siècle, et ne doit-on
pas reconnaître que c'est grâce à la forte hygiène des
libertés modernes, qu'on les voit retrouver aujour-
d'hui, mais non sans labeur et sans crise, un peu
de leur santé morale et politique? N'est-ce pas l'influence de cette fatale éducation, qui pèse encore
de nos jours sur les mœurs en France et ailleurs et
rend si difficile dans tant de pays l'œuvre nouvelle
de la liberté?

La liberté nécessite donc et tend aussi à développer
par elle-même les vertus sociales, que le pouvoir
absolu a pour inévitable effet d'atrophier, parce
qu'elles lui feraient obstacle. Il lui faut, avec plus de
droits individuels et sociaux, les convictions plus
robustes, les caractères plus virils, une raison plus
éclairée, les âmes plus mâles, les dévouements plus
actifs, les consciences plus sincères et plus indépen-
dantes. Le pouvoir absolu veut des sujets, la liberté
demande des citoyens; à l'un, il faut des enfants à
amuser et des égoïstes efféminés à enrichir; à l'autre,
il faut des hommes! Dois-je insister, et faut-il réfléchir
longtemps pour dire où se trouve le progrès, et quel
régime suppose l'état social le plus parfait?

❈

Quand donc j'entends d'imprudents enthousiastes signaler aux peurs de la France les périls de la liberté et acclamer sans réflexion, comme le salut et le port, l'avenir durable des institutions nouvelles; quand je vois la majorité, dans les assemblées françaises, accueillir de ses frénétiques applaudissements les déclarations de refus, opposées avec hauteur aux réclamations de la liberté; quand le souverain de la France lui-même, prend soin de présenter le temps de la république romaine expirante comme l'image du temps présent, et vient proposer pour modèle au pouvoir moderne le pouvoir de César, je m'étonne un peu que tous ne comprennent pas immédiatement ce qui se cache sous ces enthousiasmes, ces protestations ou ces avances, et quel sacrifice on ose demander ainsi à la France. On lui demande simplement de se décerner à elle-même pour l'avenir un certificat d'indignité civique et de déchéance politique.

« En plein dix-neuvième siècle, a écrit avec raison M. Laboulaye, en Europe, parmi des peuples chrétiens, la liberté n'est pas une question de race, c'est une question de civilisation. » Si celle-ci n'est pas une chimère, les peuples ne seront grands un jour que par la paix et la liberté. Qui ne le sait pas ne sait rien.

Ces considérations m'amènent à faire un retour sur notre petite et chère Belgique. Un légitime sentiment d'amour et de fierté patriotiques ne doit pas nous fermer les yeux, je ne l'ignore pas, sur les imperfections de notre système politique et sur les progrès que ce système attend encore. Mais il doit m'être permis de dire toutefois, sans exagération de vanité nationale, que nous marchons l'un des premiers parmi les peuples engagés dans les voies du mouvement libéral. Nos institutions constitutionnelles ne dispensent pas sans doute les partis de la sagesse, et je sais aussi que la sagesse des partis n'est jamais infaillible. Mais notre régime a, dans la liberté même de tous, le plus puissant remède contre ses propres abus, et il ne faut pas que ses inconvénients fassent perdre de vue son incontestable mérite et sa véritable grandeur. Les partis, dans leurs accusations irritées, deviennent parfois médisants et injustes. Souvenons-nous qu'en Belgique, nous avons, et au delà, ce que M. Thiers a nommé le *nécessaire* de la liberté, et que l'ordre n'y a pas pour condition une dictature, qui répugne invinciblement au caractère indépendant de la nation. Rappelons-nous toujours que nous jouissons, sous un règne heureux, du précieux avantage de l'ordre sous la liberté et d'une paix qui n'est peut-être pas sans gloire. Un Belge ne peut pas oublier qu'à notre époque, ce n'est là ni un mince honneur, ni un bienfait devenu commun encore.

Nous assistons à un singulier spectacle :

Deux mouvements, deux courants politiques contraires agitent notre siècle. Le premier entraîne la société vers un règne de liberté, d'égalité, de paix et de justice ; c'est le mouvement de la démocratie libérale et chrétienne. L'autre pousse le monde moderne vers un vaste et général système de gouvernements absolutistes ; il tend à créer un réseau d'États unitaires, démocraties égalisées, lesquels appuyés sur une centralisation compressive et de fortes armées permanentes, ne tarderaient pas à faire peser sur l'Europe le joug de fer de quelques grands despotismes. Ce double courant apparaît très-visible, et l'on peut en suivre presque partout la trace. De ces deux mouvements, je ne dois pas le répéter, l'un est le salut, l'autre serait pour la civilisation européenne le commencement de la fin.

Lequel triomphera ? La France marchera-t-elle en tête du mouvement de progrès ou du mouvement de recul ? Le premier rôle sera son honneur et sa force, le second serait son abdication. Mais je ne crois pas à l'abdication de la France, et j'ai foi dans l'avenir de cette grande et noble nation. J'ai foi dans son avenir parce que je crois à l'unité de la civilisation européenne, condition elle-même de la civilisation générale. Or celle-ci ne peut périr. Le dire serait impiété. La civilisation vaincra. En douter serait nier la loi de l'histoire.

Oui, dans la société antique, le progrès social s'est perdu misérablement sur l'écueil du césarisme ; le même sort attend-il la société moderne ? Quoi ! un laborieux enfantement de dix-huit siècles de progrès chrétien et politique n'aurait ramené la civilisation en présence du même problème, que pour la faire aboutir au même désastre, et notre temps verrait se reproduire une identique décadence! Il me répugne de penser que la société chrétienne doive ainsi échouer au port, et tenter aussi inutilement que la société païenne la réforme sociale, c'est-à-dire le règne de la liberté, de l'égalité et de la justice. Je ne puis admettre qu'un tel effort suffise à épuiser toute la force ascensionnelle de la civilisation, roulant sans cesse ce rocher de Sisyphe et poursuivant toujours le même but, sans l'atteindre jamais. Sans croire à une perfection absolue et impossible, je reste convaincu que le progrès n'a pas dit son dernier mot.

Soutenir l'opinion contraire, c'est affirmer que l'humanité marche sans avancer; c'est demander si l'histoire humaine a un plan, et demander si elle a un plan, c'est demander si elle a un auteur.

Sans doute, il y a des temps de décadence, mais l'humanité, comme on l'a dit, ne s'égare jamais tout entière et en toutes choses. Même aux époques de décadence, les ruines cachent le germe d'un progrès nouveau, et la première grande période historique suivante donne le spectacle consolant d'une civilisation épurée et agrandie.

C'est que l'histoire n'est pas le récit stérile des simples hasards de la liberté humaine; elle a pour mobiles à la fois la liberté de l'homme et la providence de Dieu. Dieu intervient dans l'histoire d'après un dessein, dit Ozanam, et ce dessein soutenu d'une puissance infinie, ne peut rester sans effet. La liberté de l'homme joue un grand rôle, je ne le nie pas, dans l'histoire des destinées du monde, et il faut se garder de la méconnaître au profit d'un fatalisme immoral et impie; j'affirme seulement qu'elle ne peut pas tout. Son action ne va pas jusqu'à altérer les grandes lignes du plan divin, et Dieu prend soin lui-même de la ramener, par de secrets détours, à son éternel dessein.

Ce plan peut-il être une suite d'efforts avortés et de décadences uniformément renaissantes? Un chrétien, qui sait que le christianisme a eu pour bienfait de relever l'espérance du monde, ne doit-il pas croire au contraire que ce plan est un plan de rédemption et de progrès? N'est-ce pas là une croyance religieuse? Le progrès social et politique a pour condition, je le sais, le progrès moral et religieux, mais c'est précisément parce que je crois à celui-ci que j'ai pleine foi aussi dans le premier. Douter du triomphe de l'un, c'est douter du triomphe de l'autre; c'est penser que le christianisme n'est pas appelé à produire ses salutaires effets et à donner tout son fruit. Comme l'a établi un écrivain d'un esprit élevé et charmant, M. Cochin, la rédemption terrestre est une naturelle conséquence de la rédemption morale et chrétienne.

L'humanité n'atteindra jamais l'idéal absolu, je ne l'ignore pas, mais je crois que chaque âge l'en rapproche davantage. « Si je reconnais, dit Ozanam, la décadence du monde antique sous la loi du péché, je crois au progrès des temps chrétiens. Je ne m'effraie pas des chutes et des écarts, qui l'interrompent; les froides nuits, qui remplacent la chaleur des jours, n'empêchent pas l'été de suivre son cours et de mûrir ses fruits [1]. »

Cette croyance est la mienne, et malgré toutes les défaillances de notre temps, je repousse la conclusion sans espoir du livre impérial : je crois à la liberté parce que je crois au progrès, et je crois au progrès parce que je suis chrétien.

[1] Ozanam, *du Progrès dans les siècles de décadence.*

FIN.

TABLE.